LIONEL TARCHALA

LA CHANSON DE L'OUEST

SARBACANE

Notre histoire commence par un long voyage en train.
Ma mère, mon père, ma sœur et moi, nous partons
à la conquête de l'Ouest !

Terminus !

Ni une ni deux, on débarque dans cette ville inconnue. Mais, rassurez-vous, on n'est pas perdus. Justement, un ami nous attend.

BANK
WANTED
10 000 $

À présent, Griffe d'ours est notre guide. Il est bizarrement habillé de peaux d'animaux de la tête aux pieds. Il dit qu'on est curieux comme des fouines, mais lui, il est bavard comme une pie. Avec mes parents qui sont gais comme des pinsons, pas de doute, on est bien en pleine nature sauvage.

Dis, pourquoi tu t'appelles Griffe d'ours ? Tu as quel âge ?
Tu as déjà tué un ours ? Tu es marié ?
Ha ha ha ! Patience les enfants, Griffe d'ours va tout vous raconter.

On a marché toute la journée et maintenant, il fait nuit. Dans l'obscurité, on entend les crissements des insectes et les grognements des bêtes sauvages. Mais je n'ai pas peur, je sais que mes parents et Griffe d'ours veillent sur nous.

À l'ouest là-bas, y a tout c'qu'il faut
Hiya Hiya Ho
Des pépites d'or plein les ruisseaux
Hiya Hiya Ho
Et la nature y a rien d'plus beau
Hiya Hiya Ho
Le Far West c'est c'qu'il nous faut!

Le lendemain, mes parents tentent leur chance. Comme dans la chanson de notre ami, il y a peut-être plein d'or caché dans le sable de cette rivière.

*« fou ».

Vise un peu les deux jeunes imprudents en-dessous.
Yark ! J'adore les mouflets bien dodus.
Le premier qui trouve de l'or a gagné !
Attends-moi, tricheur !

Mon esprit d'aventurier nous guide à l'intérieur de cette grotte, je parie qu'un trésor s'y cache...

Incroyable ! Des milliers
de lumières scintillent
à nos pieds. La tête de nos
parents quand on va leur
montrer notre découverte !

Je ne sais pas combien de temps on reste dans la grotte mais, soudain, mon instinct m'avertit qu'on ferait mieux de rentrer vite fait avant de se faire gronder.

Hourra !
Rhâ ! Les mioches, ça cause toujours des soucis !

Mon instinct ne m'a pas trompé.
On se fait remonter les bretelles.
Bon, on laisse passer l'orage
et on racontera tout après.

Voilà, les réprimandes sont terminées. On s'apprête à vider nos poches pour leur faire honte de nous avoir grondés – mais plus personne ne fait attention à nous. En effet, face à nous se tient une étrange tribu. Rien à voir avec les pionniers qu'on a croisés jusqu'à présent. Les deux camps s'observent dans un silence de plomb.

C'est Griffe d'ours qui réagit le premier. Il lève la main et sourit au vieil homme couvert de plumes. Puis l'homme couvert de plumes fait de même. Sûr, ils se connaissent. Papa, Maman, ma sœur et moi, on reste éberlués, plantés comme des cactus en plein désert.
Mais, on nous invite autour du feu. Griffe d'ours traduit :

Ces pionniers sont trop sympas...
Je parie qu'on va encore faire le taxi !
Pari tenu !

Les mustangs filent à toute vitesse à travers la plaine. Je m'accroche solidement à ma sœur qui s'accroche à la crinière. Et même si j'ai terriblement mal aux fesses à force de rebondir sur le dos du cheval, je me dis que je suis en train de vivre une chevauchée inoubliable.

Après nous avoir déposés, les cavaliers disparaissent dans la plaine. La ville n'est plus qu'à quelques enjambées. Griffe d'ours nous quitte pour s'offrir une petite partie de chasse. Il nous rejoindra plus tard. Il est temps de révéler notre secret…

Il faut qu'on vous dise un truc : on a trouvé plein d'or dans le fond du canyon !
Mais il y en a pour une fortune !
C'est ce que tu crois, canaille...
Ho hisse ! Ho hisse !

Sauve-qui-peut !
Griffe d'ours ?
Déjà de retour ?
Arrête
de ricaner,
GRRR !
Halte !
Police !

Par hasard, on atterrit sur une barque. Par malheur, il y a un bandit en fuite à son bord. Par chance, on l'assomme bien comme il faut.

Catastrophe !

Les pépites d'or coulent au fond de la rivière.
Et nous, on n'a plus qu'à ramer jusqu'à la berge.

Soudain, deux shérifs se précipitent sur le bandit et le menottent illico. Décidément, le destin est farceur : notre mésaventure se transforme en succès !

BARBER
CE SOIR,
ON DORT À L'HÔTEL !
Un lit
confortable !
Une baignoire
avec de l'eau
chaude !
Des habits
tout propres !
De la tarte
aux pommes !

Dans l'hôtel, chacun profite à sa façon du confort de la chambre.

Ensuite, on file au restaurant et on s'offre un sacré festin : un steak haché dans un pain tout rond, des cornichons, des pommes de terre frites, le tout arrosé de sauce tomate épaisse et sucrée.

Mais la journée n'est pas finie…
Car ce soir, c'est la fiesta !

Vous vous demandez sûrement si on est retournés chercher de l'or, vu qu'on avait trouvé un si beau filon ?
Eh bien, on a laissé tomber la grotte et ses grosses pépites à jamais.
Parce que, comme dit le Grand Esprit, tout ça ne nous appartient pas.

WANTED
10 000 $
20 000 $